CAMP D'AVOR

ET

NOTES SUR LE BERRY

PAR

Le Lieutenant-Colonel DE CHOULOT

OFFICIER DE LA LÉGION D'HONNEUR

A BOURGES

Chez M. PIGELET, Éditeur

Rue Joyeuse, 15.

A PARIS

Chez DUMAINE, Libraire,

Passage Dauphine.

1872

CAMP D'AVOR

ET

NOTES SUR LE BERRY

Bourges, typ. E. Pigelet, rue Joyeuse, 15.

CAMP D'AVOR

ET

NOTES SUR LE BERRY

PAR

Le Lieutenant-Colonel DE CHOULOT

OFFICIER DE LA LÉGION D'HONNEUR

A BOURGES

Chez M. PIGELET, Éditeur

Rue Joyeuse, 15.

A PARIS

Chez DUMAINE, Libraire,

Passage Dauphine.

1872

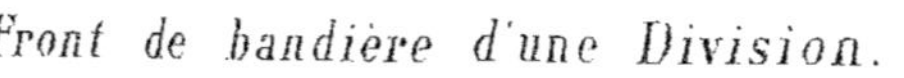

CAMP D'AVOR

Front de bandière d'une Division.

4e Régt
3e Régt
2 Batteries d'artillerie.
Compagnie du génie.
Bataillon de chasseurs.
2e Régt
1r Régiment.
194
16
194
16
80
16
30
50
91
16
194
16
194
Chapelle
Cure
Lieux.
Lieux.
Écurie.
Dépot du Genie.
écurie.
Colonel.
Gl de Brigade.
Colonel.
écurie.
Général de Division.
écurie.
Colonel.
Gl de Brigade.
Colonel.
écurie.
N
O
E
Ravin
Echelle de 0.00025 pour 1 mètre.

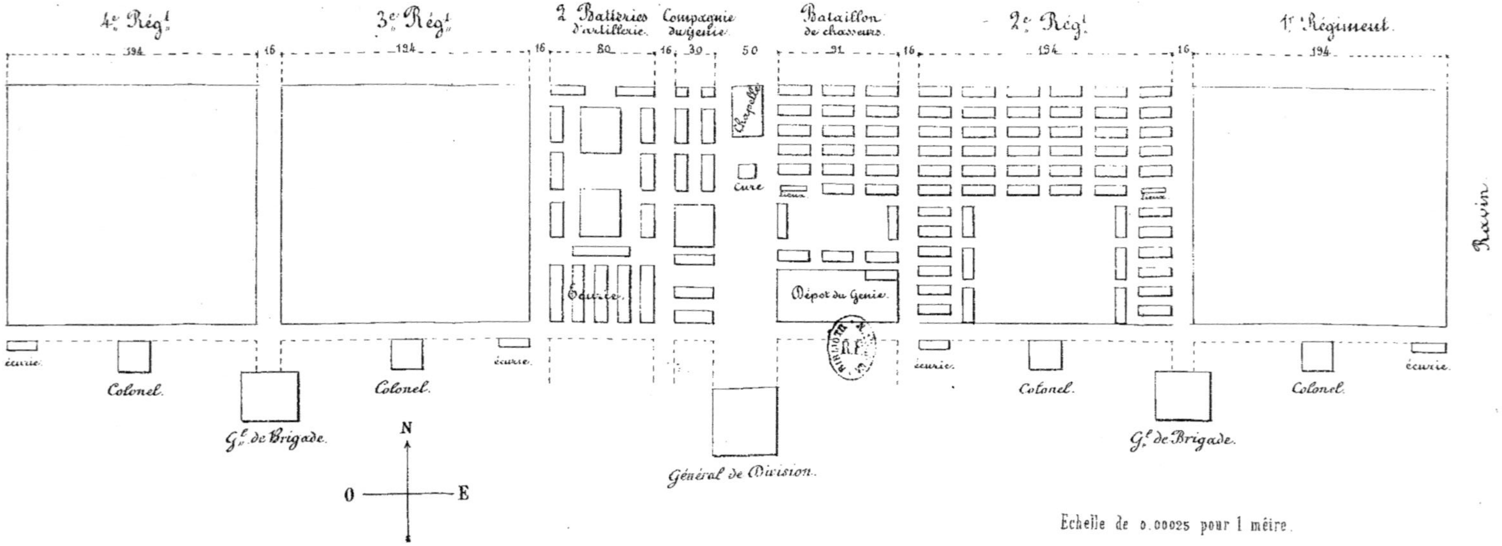

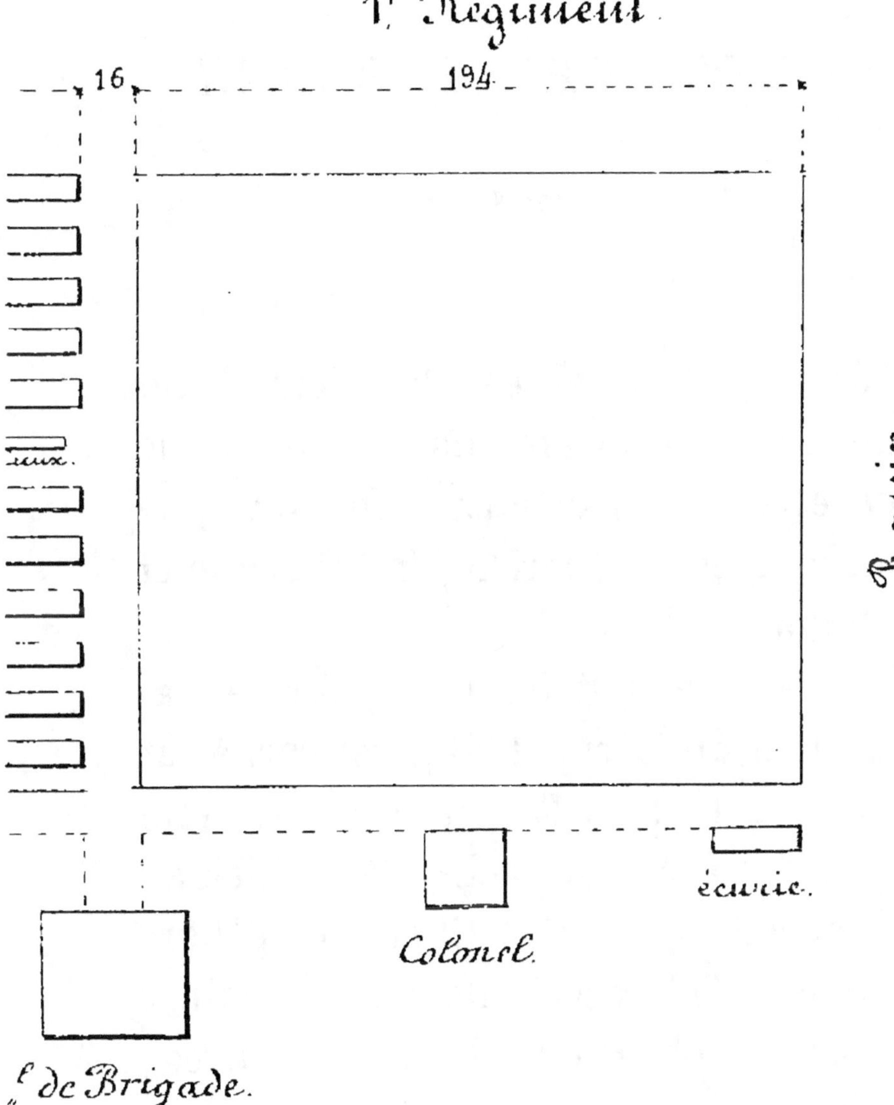
1r. Régiment
16
194
Ravin.
eaux.
écurie.
Colonel.
l de Brigade.
).00025 pour 1 mètre.

CAMP D'AVOR

ET

NOTES SUR LE BERRY

L'ancienne province du Berry, qui compose les départements du Cher et de l'Indre, était enclavée par l'Orléanais, le Bourbonnais, la Marche, la Touraine et le Poitou.

Le département du Cher, formé par une partie du Berry (1790), est borné par le département du Loiret au nord, celui de la Nièvre à l'est, celui de l'Allier au sud, et ceux du Loir-et-Cher et de l'Indre à l'ouest. Très-accidenté dans certaines parties, le sol est ondulé dans d'autres; généralement il est plat. De nombreux étangs se remarquaient encore, il y a quelques années, au milieu des bois

transformés en riches prairies aujour-
d'hui. Quelques vestiges de fortifications
de tous les âges, quelques gentilhom-
mières dont les girouettes se reflétaient
orgueilleusement dans la nappe d'eau
principale, entourée de joncs, n'existent
plus que comme jalons d'un belliqueux
passé, intéressant à explorer. Ces castels
n'étaient souvent que les avant-postes
d'un donjon principal, dont les massives
silhouettes se dessinent encore, dans
beaucoup de localités, au-dessus des arbres les plus élevés. Les lierres qui cou-
vrent leurs épaisses murailles, semblent
vouloir dérober aux regards du passant
les pierres ébréchées qui, seules, faute de
documents écrits, attestent maints san-
glants assauts vaillamment soutenus (1).

Isolé dans le centre de la France, le

(1) Mme George Sand, dans Mauprat, peut
être considérée comme le Walter Scott du
Berry. L'époque, qu'elle décrit avec son remarquable talent, est aussi pleine d'intérêt que de
véracité sous le rapport de la couleur locale.

Berry, faute de communications, crou-
pissait au milieu de vases infectes. Les
Romains avaient pourtant ouvert quelques grandes voies stratégiques, artères
importantes que suivaient également les
marchands plus ou moins protégés par
les légions.

Le moyen âge, la féodalité, les guerres
religieuses aidèrent peu au développe-
ment de la vicinalité. Les grands seigneurs dans leurs nids d'aigles, les
bourgeois derrière les enceintes de leurs
cités, ne tentaient qu'à exister aux dé-
pens les uns des autres, n'agissaient que
dans leurs intérêts particuliers. Tous les
partis et grand nombre de seigneurs ter-
riers, profitant du malheur des temps,
n'avaient rien à se reprocher en fait de
ruses, violences et exactions.

L'intérêt général était un mot in-
connu ; mot fallacieux, du reste, dont
n'abusent que trop souvent les habiles
qui le mettent en avant afin de faire des
dupes,

Le traité qui termina la guerre de la Fronde rendit la paix et la tranquillité aux provinces du centre de la France. Elles jouirent enfin d'un calme auquel avait vigoureusement contribué le cardinal de Richelieu, en anéantissant la puissance des grands seigneurs.

Les idées nouvelles qui fermentèrent à la fin du règne de Louis XV, eurent pour résultat les commotions de 89 ; et telle était la situation des esprits, que les uns à tort, les autres peut-être avec raison, sapaient sans aucun respect, avec enthousiasme et rage, les fondements de la vieille monarchie de saint Louis.

Au commencement de ce siècle, en l'an VIII, le département du Cher n'était pas encore traversé dans son entier par aucune grande ligne postale bien constituée. Ce n'est véritablement que depuis 1830 que le pays vit, petit à petit, de longs rubans de lignes viables, en toutes saisons et en tous sens, sillonner la contrée ; des chemins de grande et de petite vicinalité relier les hameaux, villages, bourgs; ouvrir, achever des canaux; établir de nombreux ponts; la vapeur longer les hauteurs, perforer les montagnes, et le télégraphe électrique fondre les distances. La circulation n'a plus ni entraves ni ar-rêts.

Le département du Cher compte 8 routes nationales, 21 routes départementales et 34 chemins de grande communication et d'intérêt commun. Ces trois classes de voies terrestres seront réunies, à partir du 1er janvier 1873, en un seul réseau de 86 chemins de grande communication. Longueur totale : 2,944 kilomètres 628 mètres (1).

Des coches, des pataches, des diligences il n'est plus question (2). Le service des

(1) M. Bon, agent-voyer en chef du département du Cher a eu l'obligeance de nous fournir ces chiffres.

(2) En 1571, s'établit entre Paris et Orléans le premier service de carrosse.

En 1610, au moment de la mort du roi, les

postes, encore en enfance sous la première République, le premier Empire, la Restauration, le gouvernement de Juillet, laisse peu à désirer en 1872.

Les enseignes des auberges du *Cheval blanc*, du *Bœuf couronné*, du *Lion d'or*, du *Soleil*, etc., etc., grincent sur leurs gonds rouillés, et leurs sons plaintifs semblent pousser les derniers accents de détresse des modestes hôteliers.

Quels changements en trois quarts de siècle ! ! !

De larges chemins, plus ou moins coches avaient des relations suivies avec plusieurs villes de France.

En 1775, les Turgotines partaient de la rue Notre-Dame des Victoires et employaient vingt jours pour aller de Paris à Bayonne (748 kilomètres). La moyenne du parcours quotidien, il y a cent ans, était de dix lieues : le soir, on s'arrêtait pour faire la *nuictée*, à toutes les côtes, on descendait de voiture pour soulager les chevaux, à toutes les descentes on mettait pied à terre par prudence ; la maréchaussée escortait les diligences par crainte des voleurs, que l'on n'évitait pas toujours. — (M. DE CAMP).

boueux, selon la saison (appelés *rues* par les indigènes), étaient flanqués à droite et à gauche d'épaisses haies vives ou formées de fagots d'épines (*bourrécs*) couchés en long sur les revers élevés des fossés, souvent ombragés par les touffes branchues d'arbres étêtés, dont les troncs déchiquetés étaient séculaires. Parfois, un oiseau effrayé troublait seul, par son vol empressé, ces fraîches solitudes; parfois, la physionomie étonnée et narquoise d'un pâtre ou porcher, appuyé sur son *jarrot*, apparaissait inopinément près d'un échallier, à travers une éclaircie. Si alors le voyageur, égaré ou indécis, demandait un renseignement quelconque, ce *chetif gars* le regardait d'un air méfiant et disparaissait sans mot dire; puis on l'entendait, quelques pas plus loin, chanter d'une voix traînante à exaspérer le questionneur embarrassé.

Hormis les lourdes charrettes des meuniers, dont les grelots des larges et lourds colliers annonçaient l'approche, la patache seule pouvait affronter sans grand danger les fondrières (1). La hauteur des roues de ce véhicule lui permettait de se risquer impunément sur un terrain plus ou moins ferme; elle avançait, mais avançait lentement. En sortant d'un de ces cloaques nombreux, la roue de gauche ou de droite avait à monter par dessus une grosse souche cachée, et la boue ruisselante, en dégouttant le long des jantes, pouvait laisser croire à une cascatelle découlant à la hauteur de l'oreille du voyageur. Assis et serrés comme des harengs dans une caque, les brusques coups de roulis et de tangage de cette voiture suspendue sur l'essieu, mettaient les côtes des patients à de rudes épreuves.

L'artillerie n'aurait jamais pu se tirer de pareils passages, et les francs-tireurs

---

(1) La rue de la *Crille*, ainsi nommée à cause des cris que les automédons y poussaient. La rue *Gratte oreille*, à cause de l'hésitation qu'ils éprouvaient sans doute à s'y aventurer.

auraient eu beau jeu des soldats assez osés pour s'y hasarder.

La patache primitive était ouverte par devant et par derrière, couverte et fermée par des tabliers et des rideaux en cuir. Les voyageurs, dos à dos, se posaient sur un unique coussin. Le patachon perchait sur le brancard de gauche, d'où il encourageait, de la voix et de son perpignan flexible, l'allure de sa bête.

Le service de ce genre de transport ne se prolongeait, sur les grandes routes se dirigeant sur Paris, que jusqu'aux pavés de Nemours et d'Orléans. Les Auvergnats, les mariniers, les Marchois étaient généralement, dans ces directions, les habitués de ces locomotives cahotantes.

Pour ses affaires, le naturel du pays, sans calculer les distances, enfourchait indifféremment Carabi ou Morvandiau, la Brune, le Blond, le Noir ou la Blanche (la nomenclature du *studbook* était moins recherchée que celle de nos jours). Il partait à l'amble et arrivait à destination à la même allure de son vaillant bidet. Les jambes enfournées dans d'épais housseaux aux larges mollettes, enveloppé dans un long manteau ou limousine qui le couvrait entièrement, ainsi qu'une partie de sa monture, le fermier, le bâton suspendu au poignet, et coiffé d'un feutre aux larges bords, se rendait toujours à cheval aux marchés, aux foires, ses saccoches et sa ceinture pleines d'écus. La fermière cheminait en croupe derrière son mari. Le militaire, le fashionnable voyageaient de même, moins les saccoches, qu'ils remplaçaient par des fontes garnies de pistolets d'arçon.

Lorsque des distances trop grandes obligeaient de coucher en route, quelques mauvais et tristes cabarets abritaient hommes et bêtes. Au vaste foyer de la cuisine, chacun se réchauffait. Le gros Toine ou la *Solange* (1) armés d'une chan-

---

(1) Sainte Solange, patronne du Berri dont le nom est très-commun.

delle vous conduisaient , après souper , dans une pièce garnie de plusieurs larges lits. On vous enfermait, pour ainsi dire, sous d'épais rideaux de serge verte ou rouge, et vous deviez souvent vous estimer très-heureux, si votre bon ange daignait vous protéger, pendant votre sommeil et si vous ne vous endormiez que bercé par des couplets entremêlés de hoquets.

> Oqué! l'amour est agréable.
> Oqué! le vin vous rend aimable.
>   Etc , etc.

Dans un pays comme celui dont nous venons de parler, le service de la Maréchaussée devait, sans doute, laisser beaucoup à désirer. Primitivement organisée pour veiller à la sécurité intérieure de la France et au maintien de la sûreté publique, les Ordonnances du Roi, en 1778 et 1784 concernant l'organisation de cette troupe sont aussi sages que bien conçues :

« Les principales obligations de ce corps consistaient à rechercher, poursuivre les malfaiteurs et autres ennemis de l'Etat, en tenant les grands chemins libres et assurés, à veiller au bon ordre, dans les fêtes et autres assemblées et à maintenir, en toute circonstance, la sûreté et la tranquilité publique. »

Ce corps était partagé en six divisions, formant un effectif de six inspecteurs, trente-trois prévôts généraux, cent huit lieutenants (1), cent soixante-quatre sous-lieutenants (2), cent cinquante maré-chaux-des-logis, sept cent dix brigadiers, deux mille cinq cent quatre-vingts cavaliers et trente-trois trompettes.

Total en 1784, 3,751 sabres.

La troisième division était formée par les compagnies de l'Orléanais, Bourbonnais, Berri, Lyonnais et Bourgogne.

(1) Grade correspondant à celui de capitaine.
(2) Grade correspondant à celui de lieutenant.

Chaque compagnie était commandée par un Prévôt général, grade-correspondant à celui de lieutenant-colonel

En 1790 et 1791, la Maréchaussée prit le nom de Gendarmerie nationale.

La Gendarmerie actuelle, qui est véritablement un Corps d'élite, est divisée par Brigades à pied et à cheval, commandées chacune par un Brigadier ou Maréchal-des-logis. La réunion de toutes les Brigades du département forme une Compagnie Départementale. La Compagnie du Cher fait partie de la dix-neuvième Légion dont le chef-lieu est à Bourges.

Le territoire du Cher est divisé en 38 brigades. Un chef d'escadron, un capitaine et un capitaine-trésorier résident à Bourges. Un capitaine à Saint-Amand, un sous-lieutenant à Sancerre, un lieutenant à Sancoins et un sous-lieutenant à Vierzon.

La force totale de ce corps dans le

département du Cher est de 192 sous-officiers, brigadiers et gendarmes.

Grâce à la promptitude et aux sages dispositions que peuvent immédiatement prendre aujourd'hui ceux qui ont pour mission de protéger la société, il est rare que des crimes se commettent, sans que la justice n'en soit informée et n'agisse avec fermeté.

Dans tous les corps d'armée comme dans les camps, un officier de gendarmerie est chargé de la police militaire. Sa mission est des plus importantes.

Cet officier prend alors le titre de Prévôt et de grand Prévôt, lorsque l'armée se trouve sur le territoire étranger. Le Prévôt exerce sa juridiction sur la division à laquelle il appartient ; le grand Prévôt, sur toute l'armée. Leur juridiction embrasse tout ce qui est relatif aux délits et contraventions commis sur le territoire occupé par l'armée ou sur ses flancs et derrières ; toutefois, toujours dans des limites fixées par les articles du Code de justice militaire.

. . . .

. . . .

En 1775 on était tellement engoué en Europe du système militaire Prussien, qu'il n'y avait de bien que ce qui s'ordonnançait à Potsdam ou sur les bords de la Sprée. M. de Saint-Germain, Ministre de la Guerre en France, poussa l'excès d'imitation à un tel point, qu'il tenta même d'établir, dans les régiments, la discipline allemande; mais l'usage des coups de plats de sabre le rendit odieux aux soldats.

Corrigeons nos défauts, faisons d'utiles emprunts à nos voisins, rectifions ce qu'il peut y avoir de défectueux dans nos administrations, dans nos différents services, profitons des dernières leçons et restons ce que nous sommes par caractère, pour redevenir ce que nous avons été. Alors, comme disait Napoléon Ier,

en ceignant la couronne de Charlemagne,
guai a chi la toccherà.

Il serait d'un égoïsme honteux, de la
part des gouvernants, d'aimer mieux
risquer, avec de nombreux soldats inha-
biles, la perte d'une bataille, d'où peut
dépendre le salut de l'Etat, que de créer,
pour l'avenir, des moyens d'opposition
redoutables : c'est donc de l'art et de
l'expérience, dit Végèce, bien plus que
du grand nombre et d'une valeur mal
conduite qu'il faut attendre la victoire.
— Sans être sûr de la véritable situation
de son personnel, de son matériel et
avant d'avoir remonté le moral de ses
troupes, un ambitieux seul, d'une capacité douteuse, oserait se charger des
affaires actives de la guerre dans les conditions actuelles.

Nous avons été battus pendant la dernière guerre, et il est puéril et peu digne
de se rejeter la faute, les uns aux autres;
— Avouons franchement que nous avons
été défaits par notre faute et par nos fautes.

Au commencement du siècle, l'instruction, en général, était moins répandue qu'aujourd'hui. Nos pères apprenaient la géographie en courant planter leurs étendards, tantôt dans une capitale, tantôt dans une autre, et les indemnités de déplacements étaient soldées par nos adversaires stupéfaits. Les temps sont changés : nous sommes plus instruits, dit-on, mais connaissons à peine les localités de notre propre territoire à disputer aux affamés, heureux de nos discordes intestines.

D'après Montecuculli : « Dans le voisinage de peuples puissants et jaloux, on ne peut avoir de véritable paix, il faut accabler ou être accablé, tuer ou périr. »

La Prusse, envers l'Autriche, envers la France, ne s'est pas départie de la maxime de cet habile homme de guerre.

A nous ! maintenant, à nous préparer et à former de solides défenseurs..

Une triste expérience vient de nous démontrer ce qu'il en coûte de jouer à la guerre, contre des ennemis sérieusement préparés, depuis nombre d'années ; principalement à une époque où les grandes opérations militaires sont presque aussitôt terminées que la guerre est déclarée. Si la plus sage organisation à donner à des troupes est celle qui permet d'en entretenir le plus grand nombre possible, au meilleur marché, il ne faut pas confondre, avec cette opinion, la levée d'hommes sans éducation préparatoire militaire. — L'instruction du soldat peut se borner à savoir faire le maniement de son arme; à marcher au pas, à rompre et former des pelotons. Pour acquérir les premières notions, il perd plusieurs semaines, en arrivant au corps ; mais si, dans les écoles, les pensions, les lycées, la jeunesse y était façonnée en s'amusant, sans préjudice aux études, lorsqu'elle serait appelée sous les drapeaux, elle serait préparée au métier des armes, aux connaissances que la guerre exige et aux fatigues qui en sont inséparables.

Au commencement du règne de Louis XV on réunit des troupes dans des camps, pour s'exercer, exécuter de grandes manœuvres d'ensemble et faire naître l'émulation. Mais ces camps ne furent, pour ainsi dire, que des *camps de plaisance*, des causes de dépenses inutiles pour l'Etat et des sujets de ruine pour les fortunes des officiers.

Malgré ses excentrités, le maréchal de Castellane organisait à Lyon et au camp de Sathonay des troupes toujours prêtes à entrer en campagne. Tout militaire réfléchi, ayant passé sous les ordres de cet officier supérieur, ne peut méconnaître ce qu'il y avait de bon dans sa manière de faire, exécuter *strictement* et *impitoyablement, sans égard aux positions hiérarchiques*, tous les genres de service *dans n'importe quelle saison.*

Les camps, que l'on organise aujourd'hui, seront utiles, pour achever des

éducations militaires et surtout indispen-
sables pour celle des mobiles, classes de
réserve, peu importe la dénomination.

Pour les troupes de ligne, de solides
casernes sont généralement selon nous,
préférables, à la vie continue dans des
camps, où à tour de rôle et annuellement
même, elles peuvent aller y mettre en
pratique tous les détails des services en
campagne.

Dans des casernes, la discipline est
plus sévèrement observée, il y a moins
de laisser aller, sans compter que pour
les officiers qui font une carrière de
l'état militaire, la vie des camps est abru-
tissante. — Pour la troupe, le logement
chez l'habitant a de grands inconvénients : la surveillance y est difficile, la
discipline s'énerve, les rassemblements
sont lents, les armes mal entretenues :
les soldats font de mauvaises connaissances, perdent les habitudes militaires,
et les citoyens sont gênés dans l'intérieur
de leurs maisons.

Il y a longtemps que l'on a dit que pour une bonne infanterie, il fallait des jambes, des jambes, des jambes! cette puissance de marche donnera toujours une grande supériorité aux troupes qui la posséderont; à celles qui auront de bonnes chaussures, confection trop négligée. — Pour la longueur de la marche, c'est au chef à savoir calculer les temps d'arrêts, et ce n'est pas dans les livres qu'il l'apprendra, mais bien par l'expérience; il évitera ainsi la débandade et les traînards.

C'est donc à la marche que nos troupes ont besoin d'être exercées; l'instinct de la guerre est innée chez elles, l'enthousiasme leur fait tenter l'impossible; pour l'utiliser heureusement, il faut qu'elles aient confiance en leurs chefs. Cette confiance ne se donne pas, elle s'acquiert. — C'est donc en vivant au milieu de leurs hommes, en s'occupant journellement d'eux, je ne dirai pas, paternellement (mot banal), mais avec un intérêt, une sollicitude non de comédie, que l'on parviendra à obtenir de glorieux succès.

Les chemins de fer nuisent à l'exercice de la marche : les soldats n'ont plus les épaules faites au sac et au moindre *coup de collier* à donner demandent à mettre *sac à terre*. Les hommes usent leurs chaussures dans les wagons, car la chaleur, le froid font enfler les pieds, ils ôtent leurs souliers, ne pouvant les remettre, les éculent et ne peuvent plus marcher.

Beaucoup de gens se récrient sur les fatigues des troupes voyageant par étapes, mais cet exercice permettra au régiment, qui, partant de Dunkerque pour se rendre à Nice, de ne présenter, s'il doit entrer en campagne, qu'un effectif d'hommes dégourdis. Les non valeurs seront restées en route.

Plusieurs semaines de marche ont rompu à la fatigue officiers et soldats, et ces derniers ont appris à se débrouiller.

Il en est de même pour les chevaux et les harnachements.

. . . .

. . . .

Au centre de la France, à cheval sur différents réseaux ferrés, près de grands établissements militaires, dans le voisinage de grands fleuves auxquels aboutissent de nombreuses routes, le choix de la plaine d'Avor est rationel pour rassembler et organiser un corps d'armée prêt à se porter avec facilité dans toutes les directions où sa presence serait jugée nécessaire. Cette position d'Avor avait déjà été appréciée favorablement au point de vue stratégique par les romains, lors de leurs guerres dans les Gaules (1).

En trois quarts d'heure, par le chemin de fer partant de Bourges ou de Saincaize, on est transporté à Avor et au camp de ce nom, bien qu'il se trouve situé dans la commune de Farges-en-Septaine.

(1) Voir les *Commentaires de César*.

La petite commune d'Avor fait partie du canton de Baugy, la superficie de son territoire est de 2,735 hectares, sa population de 356 habitants. Elle se trouve à cheval sur la route (n° 76) de Bourges à Nevers par Nérondes et sur le chemin de fer d'Orléans à Saincaize. — La station d'Avor est à 2 myriamètres 2 kilomètres de Bourges.

Le pays offre une plaine continue, élevée et si bien découverte qu'elle est en prise à tous les vents, un ruisseau nommé *Gour* et un autre appelé *Marges* qui se jettent dans l'Yèvre coulent dans cette contrée.

Terrain jurassique, étage de l'Oolithe moyen, terre généralement calcaire ou argilo-calcaire perméable.

On signale dans cette commune une enceinte portant le nom de camp de César. Ce camp est il plus ancien ? appartient-il à une époque plus reculée ou plus récente ?

La commune de Farges-en-Septaine

est limitrophe à celle d'Avor. Sa population est de 858 habitants. — 2 myriamètres de Bourges, — son territoire d'une superficie de 2,533 hectares, offre une plaine élevée, découverte, arrosée par l'Yèvre et par le Villabon qui se jette dans l'Yèvre. Dans cette paroisse on retrouve de longues avenues plantées d'ormes qui datent de Sully (1). La végétation de ces arbres séculaires donne à juger de la bonté du sol et de la profondeur de la terre végétale en certaines parties. Le sous-sol est généralement le calcaire de l'étage Oolithique moyen.

Monsieur Buhot de Kersers, secrétaire de la société des Antiquaires du Centre, a soigneusement étudié la localité et reconnaît que sur le côté du plateau qui domine la rive droite de l'Yèvre à la hauteur d'Avor, on retrouve dans la commune de Farges-en-Septaine les

____

(1) A Boisbouzon, propriété soumise autrefois à la coutume de Lorris et Montargis.

vestiges peu apparents d'une vaste enceinte renfermée par un faible *vallum* ou fossé avec son revers, dont la dépression à peine sensible n'atteint pas à sa plus grande profondeur plus de 30 à 50 centimètres, et même est interrompu sur une partie.

Cette enceinte présente, dit notre érudit confrère, les proportions et tous les caractères de ces fortifications dont les troupes romaines s'entouraient chaque soir pour leurs haltes d'une seule nuit. Le jet du fossé, reporté au dehors semble même faire de l'enceinte une limite plutôt qu'une défense.

Dans un travail de M. de Rouvre, ex-lieutenant-colonel d'état-major, nous lisons à ce sujet, les remarques suivantes :

Le camp d'Avor se dessine entre celui de Maubranches et d'Allean ; à un myriamètre de chacun et à 19 de Bourges ; il est placé dans la commune de Farges, à la limite qui la sépare de celle d'Avor.

Sa position tout-à-fait dénudée qui s'étend au loin vers le nord, surplombe le cours de l'Yèvre, qui coule à une vingtaine de mètres au-dessous. — De là, la vue s'étend jusqu'à Bourges, dont on distingue facilement les tours de la cathédrale. Il faut les indications des gens du pays, qui ont vu les vestiges plus marqués de camp ou ont été renseignés par leurs devanciers pour les retrouver et les suivre. On peut regarder sa superficie comme l'équivalent d'un rectangle de 470 mètres de côté sur 338 mètres, ce qui fait une capacité de quinze à seize hectares.

La culture semble s'être arrêtée aux retranchements, qu'elle a peu à peu entamés, nivelés, sans franchir cette limite. Si l'intérieur du camp est en friche (1), c'est que la terre végétale n'a dans cette région qu'une très-mince épaisseur, et que

(1) Aujourd'hui, la culture a fait de tels progrès, qu'il n'y a plus de terres improductives.

ce maigre sol, couvert de pierrailles, y
est rarement attaqué par la charrue :
peut-être est-ce une raison pour que les
vestiges de l'*agger* aient pu se conserver
pendant des siècles. Cet état de choses
semble attester en même temps qu'il y a
eu là des travaux peu considérables, s'ap-
pliquant à une position temporaire et de
passage, et non pas à une fortification
ayant un caractère de permanence.

La direction que dut prendre César,
cherchant à tourner les marais qui s'éten-
daient autour de Bourges, fait supposer
que le camp d'Avor remplissait toutes les
conditions d'un camp de marche. Assu-
rément le camp d'Avor ne pouvait contenir toute l'armée de César marchant sur
Bourges, puisque, dans ses *Commentaires*, on voit qu'il était arrivé à Decize
avec dix légions (50 à 60 mille hommes).
Les légions romaines étaient tellement
habituées à remuer la terre, qu'il ne leur
fallait que quelques heures pour se mettre à l'abri de toute surprise. Même pour

une nuit, elles se couvraient de travaux rapidement exécutés. Des ouvrages p'us durables succédaient à ceux-ci, quand on était voisin de l'ennemi ou que des légions devaient séjourner quelque temps dans le pays.

A portée des grandes lignes de communication se trouvaient, sur différents points, des camps défendus par de larges fossés et des retranchements en terre. Quelques-uns étaient des stations permanentes (*castra stativa*). On y pénétrait par quatre entrées laissées libres au milieu de chaque face ; celle regardant l'ennemi se nommait *prétorienne*.

Tels étaient, au temps de César, les principes d'organisation militaire des Romains, en fait de campements.

Savigny, autre commune qui joûte celles d'Avor et de Farges, jouit d'une station de chemin de fer. Elle offre une plaine accidentée dans quelques parties, coupée du sud au nord par la rivière d'Airain, qui se jette dans l'Yèvre. Distance : 14 kilomètres de Bourges.

Quant à Baugy, chef-lieu du canton (*Balciacum*), 1,486 habitants, 2,262 hectares, 27 kilomètres de Bourges. On y battait monnaie sous la race mérovingienne. On reconnaît parfaitement, près de ce bourg, les retranchements d'un ancien camp nommé Alléan. Il reste encore, sur trois faces, un retranchement, *agger* ou *rallum*, de 4 mètres de relief. La forme de l'enceinte est carrée. La famille de Bar posséda cette seigneurie.

Durant les guerres de religion, Baugy eut à soutenir plusieurs siéges. Prise par les protestants, cette place fut aussitôt assiégée par M. de la Châtre (1), qui, malgré la résistance opiniâtre de ses défenseurs, parvint à s'en rendre maître

(1) Le maréchal de La Châtre fit le dernier blocus de la ville de Sancerre, qui ne capitula qu'après dix neuf mois de siége et avoir enduré toutes les horreurs de la plus affreuse famine.

(1569) (1). Le baron de la Châtre, fils du maréchal de ce nom, et un des principaux chefs des ligueurs, se présenta avec ses troupes, en 1591, devant Baugy : reçu à coups d'arquebuse, il reconnut que la place était trop forte pour être aisément emportée, et il s'éloigna. Sous Henri IV, il y avait six églises protestantes en Berry ; Baugy en possédait une. Sully eut de nombreuses terres dans cette contrée. Il acquit Baugy en 1601, moyennant 150,000 livres. Le prince de Condé acheta, dans la suite, cette propriété à ce même duc de Sully.

Durant la guerre de la Fronde, Baugy fut occupé par les troupes du roi ; mais la garnison de Montrond, qui tenait pour le prince de Condé, et qui faisait de nombreuses excursions dans le voisinage, reprit cette place.

En 1652, Louis XIV la fit complète-

____

(1) Il avait obtenu la survivance du gouvernement du Berri et de la grosse tour de Bourges.

ment raser. Aujourd'hui, il n'en reste que quelques débris de fondations et les fossés.

Ce château fort formait un carré parfait, entourant la cour. Il était flanqué de plusieurs tours ; sous un solide donjon se trouvait la porte d'entrée, à laquelle on arrivait par deux ponts-levis établis sur deux vastes fossés remplis d'eau, qui entouraient la place.

Au milieu de ce territoire généralement découvert, coule l'Yèvre, qui prend sa source dans l'ancien étang de Baugy(1), limite de cette commune avec celle de Farges. Ce cours d'eau alimente un moulin ; le ruisseau Gron en fait mouvoir un autre ; et dans son parcours, le Tribout, qui se jette dans le Gron, dessert le moulin de la Loge (1).

. . . .

. . . .

(1) Cet étang, d'une étendue de 150 hectares, est desséché depuis 1823. Une colonie pénitenciaire cultive cet espace rendu à l'agriculture.

A quelques kilomètres de la station de Bengy-sur-Craon, avant d'arriver à celle d'Avor, en venant de Saincaize, le voyageur laisse derrière lui une espèce d'oasis, à l'entrée d'une contrée qui a quelque analogie avec la plaine de la Crau, située entre l'étang de Berre et le Rhône. Sur sa gauche se déroule la plaine de Crosse; sur sa droite et devant lui, une vaste étendue de terrain, coupée par le bois de Boisbouzon, bornée par les montagnes du Coupois et d'Aix...

Malgré les dires des propriétaires riverains de la voie ferrée, les coupes des tranchées laissent à découvert un sol plus que maigre, et les quelques prairies que l'on remarque ensuite ne fournissent que de

Grâce à l'intelligente direction de M. de Lamardiere, le pays a vu, sous la bêche de ces jeunes ouvriers, les marais de Baugy convertis en terrains fertiles.

Dans la belle saison, les puits et la plupart des cours d'eau dont nous avons parlé dans ce travail résumé, sont souvent à sec.

mauvais fourrage. Après la fauchaison, jusqu'au printemps suivant, elles ne ressemblent qu'à de sales paillassons.

D'Avor, un chemin de fer qui s'achève conduira directement à l'extrémité du camp ; on dit même que cette voie sera poussée jusqu'à la station de Savigny, plus rapprochée de Bourges.

Le camp d'Avor est construit, comme baraquement, dans les conditions exceptionnelles, comparativement à tous les autres. Les baraques, dont les pignons sont en pierre, peuvent contenir de cinquante à soixante hommes et sont bien aérées ; les côtés sont en planches, élevés en partie sur des soubassements en briques ou moellons, planchéiés, au-dessus d'un espace intermédiaire qui sépare du sol. La plus grande partie des bois qui ont servi à la construction des baraques, provient des camps établis dans le midi pendant la dernière guerre. Plusieurs ont déjà des enduits intérieurs en plâtre, toutes ont des poêles pour l'hiver. Des lits de camp porteront les paillassons ou le genre de couchage qui sera adopté. Les cuisines sont bien ordonnancées. Salles d'armes, de conférences désignées, ainsi qu'un logement sans doute affecté pour une bibliothèque permanente, puisque les officiers doivent être à même d'y continuer des études ou des travaux. Les habitants du camp trouveront, croyons-nous, pendant les grandes chaleurs, à redire contre certaines cases qui, au lieu d'être placées sur les derrières du campement, se trouvent, il est vrai, commodément placées au milieu, mais procureront des émanations insupportables. Quant au service de l'eau, dont on a besoin avec profusion dans les camps, on n'aura sans doute pas oublié qu'il faudra remédier à la pénurie qui en existe, une partie de l'année, dans cette contrée où les ruisseaux sont souvent à sec, et les puits vite épuisés (1).

(1) Le colonel Lesèque du génie, s'occupe avec une grande activité et une intelligence remarquable de l'établissement du camp d'Avor.

Nous avons vu les débuts du camp de Châlons. Le pays en a retiré un grand bien-être aujour i'hui, et les environs de Farges et d'Avor sont appelés à profiter des mêmes avantages.

De pareilles installations nécessitent des dépenses considérables, et il est fâcheux de penser que dans son cabinet un ministre est souvent mal renseigné, et que, poursuivant une théorie des plus sensées, elle n'est praticable qu'avec d'infinis inconvénients. Du reste, en France, avec la manie du changement en tout, sans avoir expérimenté, on allonge, raccourcit, d'un trait de plume, des armes, des uniformes, et on dépense inutilement des sommes d'argent importantes.

Une baraque au milieu du camp a été réservée comme chapelle, et le curé d'Avor, ancien aumônier du 19ᵉ régiment mobile (Cher), y remplit les charges de son saint ministère sans surcharger les budgets, même d'une modeste augmentation de traitement.

Un moulin à vent en bois, sans ailes, deviendra pour les peintres, comme celui de Valmy, de fondation historique. C'est le monument le plus saillant qui domine les toitures en briques rouges de Monchanin qui recouvrent les baraques.

En 1839, dans les plaines de la Vauda, près de Saint-Maurice en Piémont, les troupes du roi Charles-Albert se réunissaient, à tour de rôle, dans le camp qui y était organisé. Les hommes étaient en partie baraqués, en partie sous la tente, et y étaient exercés pendant plusieurs mois. Les Autrichiens, à Brunn, Olmutz en Moravie, à Vérone en Italie, campaient. Les Russes, à Kalisch, exécutaient de grandes manœuvres.

Depuis lors, en France, on a souvent formé de nombreux camps baraqués : camps du Midi, de Vimereux, de Sathonay, de Châlons, etc., etc. En campagne, les Russes, les Autrichiens, les Prussiens, les Italiens, les Anglais bivouaquent simplement et se construisent des huttes en terre ou en feuillées. La petite tente est le produit de nos guerres d'Afrique et nous a rendu de grands services. Nous n'avons point encore oublié la triste mine et le piteux état de nos braves alliés, frissonnant sous des torrents de pluie, sur une plage aride, avant la bataille de l'Alma ; tandis que nos hommes semblaient se prélasser presque confortablement sous leurs petites tentes-abri. Avant l'arrivée des grandes tentes au siége de Sébastopol, nous n'avions que celles portées par les hommes.

Avec ce système rationnel, un camp est de suite établi sans causer d'aussi considérables préjudices aux bois, aux haies des habitants.

Dans les conditions où nous nous trouvons aujourd'hui par rapport au casernement, vu l'occupation de nos départements par les Prussiens, les camps ont une double raison d'être : 1° loger notre effectif ; 2° réorganiser des troupes prêtes à tout événement. Les jeunes soldats y apprendront, plus pratiquement que dans des quartiers, le service des avant-postes, gardes, grand'gardes, reconnaissances; à s'éclairer, à dresser leurs tentes, à les égoutter; à soigner par-dessus tout leurs armes, qui ne doivent pas figurer que dans des parades. On tiendra particulièrement à ce que les hommes ne les jettent pas à terre d'une manière fâcheuse. Si, par amour-propre, par honneur, par intérêt personnel, ils ne se conformaient pas aux prescriptions ordonnées, que ce soit par intérêt pécuniaire, en doublant le prix des réparations nécessitées par négligence. Les soldats apprendront dans les camps qu'ils doivent porter avec eux tous les objets dont ils ont besoin. On ne verra plus alors des militaires se *débarrasser*, comme dans la dernière campagne, des pelles, des pioches qui leur étaient confiées, en un mot, de tous les effets de campement; je n'ose même dire de leurs fusils, munitions dont nous avons vu les routes jonchées.

Usons donc de la vie des camps; mais pas trop n'en faut, et n'oublions pas que tout excès est ennemi du bien.

. . . .

. . . .

Pour établir un camp, il ne faut que quelques signatures et les rouages de la machine militaire doivent si bien s'agencer que les denrées, les effets de campement, le matériel y arrivent pour ainsi dire simultanément en abondance. Ce rôle important appartient à l'Intendance : en mère prévoyante, elle a charge de subvenir à tout. C'est une lourde obligation sans doute qui incombe à une administration fort décriée durant les tristes événements de 1870-1871. Un personnel insuffisant complété par d'anciens, mais dévoués serviteurs à cheval sur les règlements dont ils ne savaient se départir; par des auxiliaires dont un grand nombre ne doutait de rien, excepté de leur aptitude, augmentèrent les embarras d'une situation chaque jour plus précaire.

L'administration militaire dans le département du Cher et comprenant le camp d'Avor, est confiée à deux Sous-Intendants résidants à Bourges et agissant sous la direction de l'Intendant de la 19e division militaire.

Il est évident que le camp prenant une extension considérable, les services administratifs y seront régulièrement constitués et qu'il y sera installé un personnel suffisant pour satisfaire à tous les besoins. Les nombreuses communications avec les centres voisins rendront la mission de l'Administration militaire aussi facile que possible.

NOTE

A un myriamètre environ à l'est de Bourges, au sud de la route de la Charité, on indique au voyageur l'emplacement d'une ancienne station militaire : dite camp de Maubranches ou de Chou, camp des Monts, camp de César, camp de Vercingétorix, les travaux de terrassement exécutés par les soldats des uns ou des autres y sont solidement accentués en certaines parties. Je laisse à plus érudit que moi à poursuivre des hypothèses dans ces plaines étendues. Je prendrai seulement la liberté de signaler cette position de Maubranche aux confectionneurs des plans de bataille, comme un site méritant d'être étudié pour faire manœuvrer les trois armes réunies.

Grand'route, vallon boisé, chaussée, ponts, petite rivière, ruisseau, village à attaquer, défendre, plaines immenses. Il y a une bonne étude militaire à mettre en pratique dans cette localité, une fois les récoltes rentrées.

Bourges, typ. E. PIGELET.

www.ingramcontent.com/pod-product-compliance
Lightning Source LLC
Chambersburg PA
CBHW061624060726

47597CB00005B/1790